SV

Augustin Baumgartner
Auf den Spuren von Thomas Bernhard

Suhrkamp Verlag

Erste Auflage 1992

Satz: Hümmer, Waldbüttelbrunn
Druck: Appl, Wemding
Printed in Germany
ISBN 3-518-40441-5

Wir tragen den Tod in uns
– das ist unser Leben

A. B.

Meiner Großmutter,
Gabriele Brunner,
geb. Schindler,
gewidmet.

Augustin Baumgartner
Zu diesem Buch

In Verneigung vor Thomas Bernhard, seinem Genius, seinem literarischen Werk, seiner bedingungslosen, absoluten und so einmaligen Sprache, in Verneigung und aus Verehrung vor Thomas Bernhard also entstand dieses Buch.

Die Trauer um den Tod Bernhards ließ mich noch tiefer, als dies zuvor schon der Fall war, in sein Werk eindringen: Bernhardsche Sprache, Sprachmusik, verschmolz in mir mit den Literaturlandschaften fast zu einer »Mystik des Ortes« – so entstanden diese Seelenlandschaftsbilder. Lokales, greifbar Vorhandenes aufzuspüren, bildnerisch in eine Beziehung zur Sprache, zur Literatur Bernhards zu setzen, eine eigene Poesie in Symbiose von Literatur, Bild und Bildtext gleichsam zu schaffen – das sollte es werden.

Die Grundlage für dieses Buch war das Werk, nur und ausschließlich das Werk. Es galt, viele Orte zu suchen, der zu recherchierende Umfang war erheblich, nicht alle aus dem Werk sich ergebenden Stätten gab es noch – die Aufnahmen entstanden in den Jahren 1989, 90 und 91 –, nicht jeder Ort eignete sich, dargestellt zu werden, wie sich auch aus manchen Werken Bernhards kein topographischer Handlungsbezug herstellen läßt, woraus sich die unterschiedliche optische Präsenz einzelner Werke in diesem Buch erklärt. Die Reihenfolge der Anordnung der Bilder entspricht der Publikationszeitfolge.

Dennoch spannt sich der bildnerische Bogen vom Autobiographischen – gemeint sind die als solche konkret zu bezeichnenden Bände, wiewohl das gesamte Bernhardsche Schaffen »naturgemäß« starke autobiographische Prägungen aufweist – über konkrete Literaturtatorte und Schauplätze zu Interpretatorischem: Meine Fotografie, komprimiert durch die Wechselbeziehung aus Bernhards Sprachkosmos und der örtlichen Realität, inspiriert zu einer neuen Dimension des Werkerkennens.

In höchster Behutsamkeit soll dieses Wandeln »Auf den Spuren von Thomas Bernhard« auch das ungemein Zarte aufzeigen, das Bernhards Sprache innewohnt: das Verletzliche Bernhards – der aus seiner Zurückgezogenheit, ja Isolation heraus mit so viel Liebe und Tiefe schrieb und in Österreich zum Teil auf so ungeheure Häme stieß –, Zartheit, Verinnerlichung, in Schwingungen der Seele gleichsam sollten spürbar werden!

Möge aus Bildern und Texten sprechen der Zauber des Todes, der Abgrund der Phantasie, das Schöne des Irrationalen, die Schwermut des Lebens, die Leichtigkeit und Trauer des Sterbens: Wir tragen den Tod in uns – das ist unser Leben.

Graz, am 12. Februar 1992

Auf den Spuren
von Thomas Bernhard

Preisen will ich Dich mein Gott
in der Verlassenheit
und alle Angst verweht
und jeder Tod schenkt mir der Augen Licht
mein Gott ich preise Dich
wie lang die Zeit auch währt
ich bin nicht mehr allein
bei Dir bin ich
und froh
zerflattert sind die Vögel
schwarz
und wieder
schwarz
die Zahl zerspringt
der Mond schreit auf
ich aber bin
vorbei.

Wien XIX, Grinzinger Friedhof, Grabstätte
Thomas Bernhards.
Mein Herz brennt. Vom Leben zum Tod
zum Leben.

»Umgezogen hockte er sich in das Vorhaus und las mir aus seinem Pascal vor. Es gehe immer ›um das ganze Unglück‹, sagte er, ich verstand nicht, was er meinte. Immer um ›einen einzigen Roheitsakt‹. Er sagte: ›In Kalkül ziehen, was tötet.‹ Und: ›Der Tod macht alles infam.‹ Er reise ab, um in irgendeiner Gedankenstadt auszusteigen, unterbreche seine Reise, habe ein Ziel, ›das kein Ankommen duldet, kein Ankommen zulassen kann‹.«

»Der Abend kommt hier ganz plötzlich, wie auf einen Donnerschlag. Wie wenn auf Kommando ein riesiger eiserner Vorhang heruntergelassen würde, die eine Hälfte der Welt abtrennend von der andern, durch und durch. Jedenfalls: die Nacht kommt zwischen zwei Schritten. Die heillosen stumpfen Farben erlöschen. Alles erlischt.«

Weng, Gemeinde Goldegg, Salzburg-Land.

»Wir waren in der Beobachtung alles Scheiternden stets und von jeher geschult, doch fühlten wir hier im Turm, verstört, von der ganzen Natur ins Vertrauen gezogen, auf einmal die Weisheit der Fäulnis«

» – schon immer liebten wir, was uns schwer-, verabscheuten wir, was uns leichtfiel – immer tiefer in unsere tobenden Köpfe zurückgezogen, stopften wir unseren Turm mit Trauer aus.«

Amras, Innsbruck, Tirol, Schloß Ambras.
Wahrzeichenhaft dominiert der »Gefängnisturm«
(15. Jh.) den Innsbrucker Stadtteil Amras.
Symbol der Ausweglosigkeit, welche in den Tod
führt. Es ist Nacht.

»Ich habe immer mehr den Eindruck, daß ich einem Höchstgericht ausgeliefert bin, um mich herum stehen immer Geschworene, von welchen ich nicht weiß, *wer* sie sind. Aus diesem Grund verneige ich mich von Zeit zu Zeit. Ich erwarte kein mildes Urteil. Aber die Todesstrafe erscheint mir doch zu lächerlich für das Leben!«

»Getöse beherrsche ihn. Sein Gehirn (›Einbruch von Wasser in seit Urzeit Ausgetrocknetes?‹ [Saurau]), qualvoll als für die ganze Menschheit mißbrauchte Membran, in der diese Geräusche (›Eine Verwandlung dessen, was ist, in ein anderes, das sein wird?‹ [Saurau]) immer gewesen sind, empfindend, *höre* er diese Geräusche nicht nur, er *sehe* und *fühle* sie auch in seinem Kopf. Sein Gehirn müsse diese Geräusche (›Risse, die sich vergrößern, ein idealer Zersetzungsprozeß der Natur!‹ [Saurau]), ›aushalten‹. Beinahe alle Sätze, in die er auf einmal hemmungslos seine Qual injiziert, beendet er mit ›für die ganze Menschheit‹.«

»Veste Lubgast« (13. Jh.), Weststeiermark, war der Stammsitz der Sauraus (neben diversen anderen Burgen).
Gemäuer zerrissen, zerstört, Verstörung, in allem das Kreuz.

»Der Fürst sagte: ›Jeder diskutiert ununterbrochen mit sich selbst und sagt: es gibt mich nicht. Jeder Begriff ist in sich wieder unendlich viele Begriffe. Immer habe ich, von der frühesten Kindheit an, das Bedürfnis gehabt, in meine Phantasien hineinzugehen, und ich bin auch immer weit in meine Phantasien hineingegangen.‹«

»›Liegt es östlich, oder liegt es westlich? bin ich gefragt worden. Sofort habe ich geantwortet: östlich! Und ich habe gesagt: Natürlich östlich! Aber auf dem Heimweg, ich bin in der Schlucht gewesen!, habe ich dann gedacht, daß ich auch hätte sagen können: westlich! Natürlich westlich! Dem Zuhörer‹, sagte der Saurau, ›wird immer gesagt, was er weiß, aber nicht versteht.‹«

Burg Krems, Weststeiermark. Lebensdüsternis,
unheilschwanger, ruinöse Einsamkeit.

»Wem es gelingt, auf dem Totenbett eine Komödie oder ein reines Lustspiel zu schreiben, dem ist alles gelungen. Innerhalb der Irrenhäuser ist der allgemein anerkannte Irrsinn, hat Ihr Herr Vormund gesagt, außerhalb der Irrenhäuser der illegale Irrsinn … aber alles ist nichts als Irrsinn«

»folglich juristisch wie praktisch, oder vielmehr praktisch wie juristisch, alles, was mit Ungenach zusammenhängt, aufzugeben, abzuschenken (d. h. diese ganze, … selbstverständlich alle vor den Kopf stoßende Abschenkung zu machen, weil mir Ungenach außer einer furchterregenden Last nichts mehr ist)«

Ungenach, Oberösterreich, vor Wolfsegg.
Silhouette im Sonnenuntergang, wie auslöschend.

»Ich muß in der Isolierung *sein.* Es ist absolut unsinnig, zu glauben, man könne als ein solcher wie ich ganz einfach alles aufgeben, was man ist, untertauchen in der Masse. Die Masse erkennt bald diesen Unfug und vernichtet einen oder trachtet jedenfalls, einen zu vernichten. Die Masse scheidet einen Menschen wie mich, der sich ihr hundertprozentig ausgeliefert hat, erbarmungslos wie einen Fremdkörper aus. Ich gehöre nicht in die Masse, höre ich die Masse, *ich gehöre in mich selbst,* höre ich mich. Da die Masse mich ausscheidet, habe ich keine andere Wahl, als mich nach einem Tod in mir selbst umzuschauen«

»weil alle, die in dieser Gegend Selbstmord begehen, in die Traun gehen, angeschwemmt am Wehr sind sie, oft unter Hunderten von Zuschauern, zuschauenden Papierarbeitern, nur unter den größten Schwierigkeiten an die Stangen zu bringen und herauszuziehen«

Steyrermühl, Oberösterreich, Wehr auf dem Traunfluß, im Hintergrund Papierfabrik. Düsternis, Absterben.

»Nichts ist zweifellos, geehrter Herr. Ginge ich wieder watten, sage ich zum Fuhrmann, das Ganze wäre nichts als ein Elementarunfug und nichts als Traurigkeit, die im Grunde nichts als Erbärmlichkeit ist, die mehr oder weniger nichts als Verrücktheit ist. Wir sind in der allerhöchsten Konzentration, indem wir spielen. Watten. Auf dem Theater, geehrter Herr, ist selbst das Unmögliche Unterhaltung und das Ungeheuerliche als das Unwahrscheinliche ein Studiergegenstand, in Andeutung alles.«

»Mitten in der Schottergrube, an nichts als an das Luftschöpfen denkend, schöpfte ich Luft. Ich atmete tief ein und tief aus. Daß mir diese Gewohnheit das Leben gerettet hat, denke ich. Ich gehe, und während ich gehe, zähle ich meine Schritte. Viertausend zur faulen Fichte, achttausend bis in die Schottergrube. In großer Hitze. In großer Kälte, geehrter Herr. Anzeichen von Erschöpfung natürlich. Täglich in die Schottergrube, am Mittwoch watten.«

Viecht nahe Steyrermühl, Oberösterreich, Schottergrube. Klare Einsamkeit, monumental, bedrohlich. Anziehend.

»Das Gegenüber, die Feinde, soll er gesagt haben, seien doch immer und in jedem Fall in der Übermacht. Nur Feinde, soll er gesagt haben, denn selbst Freunde seien nichts als Feinde, man mache sich einen Freund vor, indem man den Feind hinter diesem Freund verberge, vor sich vertusche, der Freund komme in das Theater, das man sich vormache, herein und setze sich zeitweilig in die Bühnenmitte, weil uns das notwendig erscheine, so lange, bis wir ihn fortjagen, weil wir ihn plötzlich wieder als Feind zu erkennen imstande seien, als Feind unter allen anderen Feinden, die unsere Bühne bevölkerten. Immer neue Feinde als Freunde kommen aus dem Bühnenhintergrund, soll Konrad gesagt haben, von überall her, aus der größten Finsternis heraus Feinde als Freunde und Freunde als Feinde, also Feinde, und wir lassen sie uns in großen Massen selbst vom Schnürboden herunter.«

In keinem Sicking ein Kalkwerk – dieses vielmehr in uns, als Reflexion der Starre, der Kälte, der Unmenschlichkeit, Kerker ständig neu errichtet, innere Isolationshaft! Kalkwerk: Die bildnerische Interpretation Steyrling bei Klaus, Oberösterreich (etwa 30 km südöstlich von Sicking).

»Aber aus Erschöpfung waren wir auf der Friedensbrücke auf einmal gar nicht mehr fähig gewesen, die Namen Wittgenstein und Ferdinand Ebner auszusprechen, weil wir unser Gehen und unser Denken, das eine aus dem andern, sagte Oehler, zu einer unglaublichen, beinahe nicht mehr aushaltbaren Nervenanspannung gemacht haben. Daß diese Praxis, Gehen und Denken zu der ungeheuersten Nervenanspannung zu machen, nicht längere Zeit ohne Schädigung fortzusetzen ist, hatten wir gedacht«

Wien XX, Friedensbrücke. Gehen, Bewegung, zum Höchsten oder in den Abgrund, aber immer in sich selbst führend.

»DOKTOR
Wenn wir etwas erreicht haben
und sei es das Höchste
sehen wir
daß es nichts ist
VATER
Nichts
nichts«

»Bei den Drei Husaren. *Königin der Nacht, Vater, Doktor an einem runden Tisch*
Zwei Serviertische mit Lampen
Winter im Hintergrund«

Wien I, Weihburggasse 4, Restaurant Drei Husaren –
im Hintergrund »Winter«.

»Schauspieler: ›Wenn sie sich prügelten, schien es, als wäre nur das Viehische lebensfähig und alles andere krankhaft und unzüchtig. Da sah er tief ins Verpfuschte hinein, das ausweglos, auf barbarische Weise unfähig war, mit sich fertig zu werden.‹«

»Der Schauspieler sagt: ›Und er hätte, wäre er nicht der verschlossene Mensch gewesen, eben der schweigsamste aller Häftlinge, fortwährend vor sich hinsagen können, deutlich genug, um sich selbst und alles zutiefst zu verletzen: ich gehe fort und töte mich, ich gehe hinaus und töte mich. Aber es ist sinnlos, sagte er sich.‹«

Strafvollzugsanstalt Garsten, Oberösterreich,
Zellentrakt. In der totalen Isolation, der furchtbaren,
Rettung in das Wort, das Schreiben, Lebensrettung.

»Schauspieler: ›Die Erfindung des Gedankens im Menschen erschien ihm als das kostbarste Geschenk, das es gibt.‹«

»Der Schauspieler: ›Er fürchtete, in Freiheit, der Sträflingskleider entledigt, nichts mehr schreiben zu können, nichts mehr denken zu können; er fürchtete, dann, im wilden Ausgesetztsein des Entlassenseins, nichts mehr zu sein.‹«

Strafvollzugsanstalt Garsten, Oberösterreich – Blick
aus einem der Gefängnishöfe zur Barockkirche
(Werk der Carlone, 17. Jh.).

»Das Internat als Kerker bedeutet zunehmend Strafverschärfung und schließlich vollkommene Aussichts- und Hoffnungslosigkeit.«

»und viele andere aus der Stadt aus unerträglicher Kopfverzweiflung vom Schulweg abgekommene Schüler von den beiden Stadtbergen gestürzt, mit Vorliebe vom Mönchsberg direkt auf *die asphaltierte Müllner Hauptstraße, die Selbstmörderstraße,* wie ich diese fürchterliche Straße immer betitelt habe, weil ich sehr oft auf ihr zerschmetterte Menschenkörper liegen gesehen habe, Schüler oder Nichtschüler, aber vornehmlich Schüler«

Salzburg-Stadt, Mönchsberg (Seite der Müllner Hauptstraße) – Internatszwang. Selbstmorddenken, lebensbegleitend ...

»Dem Höller machte es nichts, sein Haus mitten in dieses Getöse zu bauen, ja es war seine Absicht gewesen, *ich baue mein Haus mitten in das Getöse der Aurach hinein*, hatte er zu Roithamer einmal gesagt und Roithamer hatte nicht verstanden, wie er das tun könne, aber Höller hätte nichts besseres tun können, denn wie ich sehe, ist alles mit dem Bau des höllerschen Hauses Zusammenhängende geglückt.«

Aurach, Aurachtal, Oberösterreich. Die ehemals gefährliche Aurachengstelle, heute reguliert, im Hintergrund das Höllerhaus.

»Die Idee fordert von uns, daß wir sie verwirklichen, Realisierung erfordert sie und sie hört nicht mehr auf, von uns die Verwirklichung zu fordern.«

»einen solchen bewohnbaren Kegel in einer solchen einzigartigen Naturverfassung, wie sie die Naturverfassung in der Mitte des Kobernaußerwaldes darstellt, nicht nur entworfen habe ich einen solchen Kegel, *ich habe diesen Kegel auch tatsächlich gebaut und jeder kann sehen, daß ich den Kegel gebaut habe*, so Roithamer.«

Kobernaußerwald, eine riesige, mehrere Quadratkilometer umfassende Waldfläche in Oberösterreich, etwa in der Mitte die »Steiglbergwarte«.
Wald, Waldweben, das völlig umfängt, wie ein Traumbild erscheint das Weiß eines Türmchens – Inspiration für den Kegel?!

»der Weg durch die Reichenhaller Straße, kann ich sagen, ist immer der gewesen, der mich ununterbrochen und mit der größten Rücksichtslosigkeit, die sich denken läßt, von mir selbst entfernt hat, hinein in eine tagtägliche Fürchterlichkeit, deren Konsequenzen auf einmal nur noch tödliche Konsequenzen hatten sein können, der Weg durch die Rudolf-Biebl-Straße ist der Weg *zu mir* gewesen, an jedem Tage, den ich durch die Rudolf-Biebl-Straße in die Scherzhauserfeldsiedlung in den Keller gegangen bin, habe ich mir gedacht, ich gehe zu mir selbst, und ich gehe mit jedem Tag mehr und mehr zu mir selbst«

Salzburg-Stadt, Scherzhauserfeldsiedlung, Keller.

»DER LETZTE *der Maskierten bleibt einen Augenblick stehen und erkennt Minetti und zeigt mit dem Zeigefinger auf ihn und ruft*

Der Künstler
Der Schauspielkünstler

und läuft weg
Minetti bleibt bewegungslos«

Verlassenheit, Einsamkeit; der Tragöde, aber auch Abgeklärtheit, ja Altersschönheit. Menschlichkeit, vom unendlichen Schauspieler inspiriert und dominiert: Bernhard Minetti, sein Schauspiel – sein Leben.

»Ich wollte *leben*, alles andere bedeutete nichts. Leben, und zwar *mein* Leben, *wie und solange ich es will.* Das war kein Schwur, das hatte sich der, der *schon aufgegeben gewesen war*, in dem Augenblick, in welchem der andere vor ihm zu atmen aufgehört hatte, vorgenommen. Von zwei möglichen Wegen hatte ich mich in dieser Nacht in dem entscheidenden Augenblick für den des Lebens entschieden.«

»Die Bezeichnung *Sterbezimmer* für den seiner Meinung nach architektonisch ebenmäßigen, dem ganzen, so er, herrlichen Gebäude Fischer von Erlachs entsprechenden Krankensaal gefiel ihm.«

Landeskrankenhaus Salzburg, Salzburg-Stadt,
Blick auf Johannesspital und Kirche,
erbaut nach Plänen Fischer von Erlachs.

»Die Schule meines Großvaters, in die ich, ich kann sagen, von meiner Geburt an, gegangen war, war abgeschlossen gewesen mit seinem Tod. Er hatte mich, indem er plötzlich tot war, aus seinem Unterricht entlassen. Es war eine Elementarschule, schließlich eine Hochschule gewesen.«

Der über alles geliebte Großvater, lebensbestimmend, lebensrettend, lebensweisend: Johannes Freumbichler, Relief am Ehrengrab des Max Glan-Friedhofs, Salzburg-Stadt.

»Zwei für mich abkommandierte Pfleger hatten mich stützen müssen auf den paar Schritten vom Wagen in das Hotel Vötterl hinein. Ein Lift hatte mich und die Pfleger in den dritten Stock hinaufgebracht. Ich war in ein straßenseitiges Zimmer gekommen, von welchem ich direkt auf die Kirche und auf den darunter gelegenen Friedhof hatte blicken können«

Großgmain, Salzburg-Land, Friedhof,
dahinter das Hotel.

»Ein Komiker, welcher jahrzehntelang allein davon gelebt hatte, komisch zu sein und der immer alle Säle, in welchen er aufgetreten war, bis auf den letzten Platz gefüllt hatte, war plötzlich für eine bayrische Ausflüglergruppe, die ihn auf dem Felsvorsprung über der sogenannten Salzburger Pferdeschwemme entdeckt hatte, die lange erwartete Sensation gewesen. Der Komiker behauptete vor der Ausflüglergruppe, er werde sich, so, wie er sei, in der Lederhose und mit dem Tirolerhut auf dem Kopf, in die Tiefe stürzen, worauf die Ausflüglergruppe in ein lautes Gelächter ausgebrochen war, wie gewohnt.«

Salzburg-Stadt, Pferdeschwemme.

»Gerade weil er von allen verachtet und in Wahrheit sogar gehaßt worden war, war ich von ihm angezogen gewesen, zu den Verachteten und Gehaßten hatte ich schon immer die Vorliebe als Zugang gehabt.«

»daß sie, weil niemand wußte, woher und wer sie gewesen war, vierzehn Tage nach dem Unfall in einem Schachtgrab auf dem Linzer Friedhof verscharrt worden war.«

Stadtfriedhof Linz, Oberösterreich, »Reihengräber«.
Gleichmacher Tod.

»Immer, wenn ich ihn in der letzten Zeit in den Wertheimsteinpark hinein begleitet hatte, war es ihm in der Nähe der alten Esche, oder in der Nähe der alten Eiche unmöglich gewesen, nicht auf den Umstand zurückzukommen, daß er an diesem in Frage stehenden Tage, aus was für einem Grund immer, nicht zur alten Esche, sondern zur alten Eiche gegangen war, als gründete sich schließlich und endlich für ihn alles, was auf diesen Entschluß hatte folgen müssen, auf dieses Ereignis, wie er auch immer wieder alles später Eingetretene auf diesen Entschluß zurückführte, und es war mir immer vorgekommen, als wäre sein Denken überhaupt in ein solches *vor* dem Ereignis, daß er urplötzlich zur alten Eiche und nicht zur alten Esche gegangen war und in ein solches *nach* diesem Ereignis geteilt, was er auch in Worten immer wieder zum Ausdruck gebracht hatte«

Wien XVIII, Wertheimsteinpark, »alte Eiche«.
Vom klaren scharfen Wort in die Geborgenheit
virtuoser Bernhardscher Sprachmusik.

»und er war ja kein Mensch, dem sich Andere auf die natürliche Weise annähern konnten, er selbst war sich zeitlebens ein Haupthindernis aller Menschenbeziehungen gewesen und er existierte aus dieser Tatsache, das Gegenteil hätte ihn unweigerlich und empfindlich schwächen und letztenendes vernichten müssen.«

»Genau genommen, hatte ich Koller nicht im Gymnasium, sondern in der Apotheke in der Hasenauerstraße kennengelernt, in welcher ich ein mir gegen meine chronischen Halsschmerzen verordnetes Medikament abgeholt hatte, wohl auf dem Weg in das Gymnasium, aber doch in der Apotheke, in welche Koller mit seiner Mutter schon vor mir eingetreten gewesen war«

Wien XVIII, Hasenauerstraße, Apotheke.

»Die Rache meiner Mutter bestand sehr oft darin, *mich* auf das Rathaus zu schicken, um mir selbst die fünf Mark abzuholen, die der Staat für mich im Monat(!) bezahlte, sie hatte sich nicht gescheut, mich direkt in die Hölle zu schicken als Kind mit der Bemerkung: *damit du siehst, was du wert bist.* Auch das werde ich naturgemäß nicht vergessen, wie die eigene Mutter sich an dem untreuen Manne rächt, indem sie ihr und dieses Mannes Kind in die Hölle schickt mit einem teuflischen Satz, mit dem teuflischsten Satz aller Sätze, den ich im Ohr habe. Wie weit und wie tief die Verzweiflung gehen kann, weiß ich von diesen Höllengängen auf das Traunsteiner Rathaus«

Traunstein, Bayern, Rathaus, Stadtplatz 39.
Kindesohnmacht, Seelenverletzung.

»Ich hatte mich schon zu dieser Zeit in das Schreiben geflüchtet, ich schrieb und schrieb, ich weiß nicht mehr, Hunderte, Aberhunderte Gedichte, ich existierte nur, wenn ich schrieb, mein Großvater, der Dichter, war tot, jetzt durfte *ich* schreiben, jetzt hatte *ich* die Möglichkeit, selbst zu dichten, jetzt getraute ich mich, jetzt hatte ich dieses Mittel zum Zweck«

»So war es das Natürlichste, daß ich, bevor ich mich von meiner Mutter, die wir zuhause gelassen hatten, weil wir wußten, was, sie dem Krankenhaus ausliefern, bedeutete, verabschiedete, ihr Gedichte aus meinem Kopfe vorgelesen hatte. Wir hatten nicht die Kraft, etwas zu sagen, wir weinten nur und drückten unsere Schläfen aneinander. Meine Reise nach Grafenhof durch das finstere Salzachtal war die bedrückendste meines Lebens.«

Salzburg-Land, nahe Schwarzach im Pongau: ehemalige Lungenheilstätte Grafenhof. Im Hintergrund das »Heukareck«. Verzweiflung, Tod, die Grenzen fließend.

»Etwas Großes im Auge haben, war seine fortwährende Mahnung, das Höchste! Immer das Höchste im Auge haben! Aber was war das Höchste? Wenn wir uns umsehen, umgibt uns nur die Lächerlichkeit und die Erbärmlichkeit. Dieser Lächerlichkeit und dieser Erbärmlichkeit gilt es zu entkommen. Das Höchste im Auge haben! Ich hatte von da an immer das Höchste vor Augen.«

»ich fühlte mich auf dem Hippinghof genauso zuhause wie bei uns im sogenannten Mirtelbauernhäusl, benannt nach dem Besitzer, es war ein Riesenreich, in welchem die Sonne nicht unterging.«

Seekirchen, Salzburg-Land: Mirtelbauernhäusl,
noch im Originalzustand erhalten.

»Mein Großvater liebte das Chaos, er war Anarchist, wenn auch nur im Geiste, meine Mutter dagegen versuchte zeitlebens in einer bürgerlichen, wenigstens in einer kleinbürgerlichen Welt Fuß zu fassen, was ihr natürlich niemals gelingen konnte. Mein Großvater liebte das Außergewöhnliche und das Außerordentliche, das Entgegengesetzte, das Revolutionäre, er lebte auf im Widerspruch, er existierte ganz aus dem Gegensatz, meine Mutter suchte, um sich behaupten zu können, Halt in der Normalität.«

»Im Schatten der nächtlichen Eisenbahnbrücke, an welcher ich mit der größten Lust meine anarchistischen Gedanken entzündete, war ich auf dem Weg zum Großvater. Die Großväter sind die Lehrer, die eigentlichen Philosophen jedes Menschen, sie reißen immer den Vorhang auf, den die andern fortwährend zuziehen.«

Von Traunstein nach Ettendorf, Bayern:
Eisenbahnbrücke. Ins Licht zum Großvater.

»Mein Gesicht war dem Gesicht meines Vaters nicht nur ähnlich, es war *das gleiche Gesicht.* Die größte Enttäuschung ihres Lebens, die größte Niederlage, als ich auftrat, war sie da. Und sie trat ihr jeden Tag, den ich mit ihr zusammen lebte, entgegen. Ich fühlte naturgemäß ihre Liebe zu mir, gleichzeitig aber immer auch den Haß gegen meinen Vater, der dieser Liebe meiner Mutter zu mir im Weg stand. So war die Liebe meiner Mutter zu mir, dem unehelichen Kind, immer von dem Haß gegen den Vater dieses Kindes unterdrückt, sie konnte sich niemals frei und in der größten Natürlichkeit entfalten.«

»Wir hatten kein Haus, wir waren nur *in der Wohnung*, das sagte alles. Nur aus einer Wohnung zu sein und nicht aus einem eigenen Haus, bewirkte in Traunstein schon von vornherein das Todesurteil.«

Traunstein, Bayern – Schaumburger Straße 4,
Ecke Taubenmarkt »Poschinger Haus«.

»Am Ende halten sie einen für einen Narren. Ich weiß nicht, war die Krankheit zuerst da, oder meine plötzliche Abneigung gegen jede Art von Gesellschaft, hatte ich zuerst die Abneigung dagegen und hat sich aus dieser Abneigung meinerseits heraus die Krankheit entwickeln können oder war die Krankheit zuerst und aus dieser Krankheit entwickelte sich meine Abneigung gegenüber dieser Gesellschaft«

»Bei diesem Gedanken deprimierte mich naturgemäß mein Weg ins Hotel. Plötzlich war eine dicke stinkende Luft, eine niederdrückende, an einer plötzlichen Atemnot schuld, die mich in dem kleinen Park vor dem Jachtclub stehenbleiben ließ, ich mußte mich sogar auf eine der dortigen Steinbänke setzen, um mich zu beruhigen. Diese Atemnotanfälle kommen plötzlich, ich weiß nie, warum, aus was für einem momentanen Grund, dann schlucke ich zwei, drei Glyzerinpillen aus dem Glasröhrchen, das ich ununterbrochen, gleich wo, bei mir habe. Aber es dauert immerhin zwei oder drei Minuten, bis sie wirken. Wie verschlechtert hat sich doch mein Zustand gegenüber dem letzten Aufenthalt, dachte ich. Wenn mich die Cañellas sehen, werden sie erschrecken.«

Palma de Mallorca, Steinbänke zwischen Club
Náutico und dem ehemaligen Hotel Meliá.

»Wenn wir die Sätze im Kopf haben, dachte ich, haben wir noch nicht die Sicherheit, sie auch aufs Papier zu bringen. Die Sätze machen uns Angst, zuerst macht uns der Gedanke Angst, dann der Satz, dann, daß wir diesen Satz möglicherweise nicht mehr im Kopf haben, wenn wir ihn aufschreiben wollen. Sehr oft schreiben wir einen Satz *zu früh* auf, dann wieder einen *zu spät*; wir haben den Satz zu dem richtigen Zeitpunkt aufzuschreiben, sonst ist er verloren.«

»so war ich dann doch über die Lonja hinausgegangen bis auf die sogenannte *Borne*, die zu Francos Lebzeiten, also vom Sieg der Faschisten bis zu deren Sturz nur als *Paseo del Generalisimo* bezeichnet wurde und setzte mich, weil es so warm war, aber doch auf die unvorsichtigste Weise, wie ich mir sagen mußte, auf die den Cañellas gegenüberliegende Kaffeehausterrasse«

Palma de Mallorca, Haus der Cañellas,
Paseo del Borne, 16. (Die steinerne Inschrifttafel über dem Balkon weist noch auf die Paseo del Generalisimo hin.)

»Die einzigen Freunde, die ich habe, sind die Toten, die mir ihre Literatur hinterlassen haben, ich habe keine anderen. Und es war mir immer schon schwierig gewesen, überhaupt einen Menschen zu haben«

»Der Friedhof in Palma ist riesengroß und wirkt, wenigstens für den mitteleuropäischen Begriff, zuerst einmal ungemein fremdartig und dadurch unheimlich, er erinnert schon mehr an Nordafrika und die Wüste«

Palma de Mallorca, Friedhof.

»Wir sehen den Niedergang, wo wir den Aufstieg erwarten, wir sehen die Hoffnungslosigkeit, wo wir Hoffnung haben, das ist unser Fehler, unser Unglück. Wir fordern immer alles, wo naturgemäß nur wenig zu fordern ist, das deprimiert uns. Wir wollen diesen Menschen auf dem Gipfel sehen und er scheitert schon in den Niederungen«

»Arme Leute, sagte sie oder solche, die von einem solchen Unglücksfall urplötzlich getroffen werden, wie sie und sich nicht richtig verständigen können, kommen, sterben sie, schon am gleichen Tag in einen solchen überirdischen Betonschacht, der oft nicht nur für zwei, sondern auch für drei Leichen gedacht ist. Überall hingen von den einbetonierten Marmortafeln kleinere oder größere Büschel von Plastikblumen herunter. Der ganze Friedhof war angefüllt mit dem Geruch aus dem Leichenkühlhaus.«

Palma de Mallorca, Friedhof: Ein riesiges Areal, davon Teile mit in die Höhe gebauten Betonschächten als Grabstätten. Trauer, zu Beton geworden, in den Himmel wachsend . . .

»Wie der Paul immer wieder und in immer kürzeren Abständen, wie sich denken läßt, sich selbst und die Welt nicht mehr ertragen hat, habe auch ich in immer kürzeren Abständen mich selbst und die Welt nicht mehr ertragen und bin, genauso wie der Paul in der Irrenanstalt, in der Lungenanstalt wieder *zu mir gekommen*, wie gesagt werden kann.«

»Wir hatten uns auf halbem Weg zwischen dem Pavillon Hermann und dem Pavillon Ludwig getroffen und uns auf eine Bank gesetzt, auf eine, die gerade noch zum Lungenareal gehört. *Grotesk, grotesk*! sagte er, worauf er zu weinen anfing und nicht mehr aufhörte. Sein ganzer Körper war lange Zeit von seinem Weinen geschüttelt.«

Wien XIV, Psychiatrisches Krankenhaus der Stadt Wien, Baumgartnerhöhe, genannt »Am Steinhof«. Pavillon »Ludwig« – Fahles Licht, entrückt der Wirklichkeit, Unwirklichkeit; nackte Bäume wie Gitter, Trenngitter zwischen Norm und Wahnsinn, durchscheinend.

»Wie der Paul, hatte ich selbst mich wieder einmal über alle meine Möglichkeiten hinaus ausgenützt gehabt, alles über alle Möglichkeiten hinaus ausgenützt gehabt mit der krankhaften Rücksichtslosigkeit gegen mich und gegen alles, die den Paul eines Tages zerstört hat und die mich genauso wie den Paul eines Tages zerstören wird«

»Er war, wie ich später erfuhr, nur wenige Tage nach dem *Überfall* auf seinen Vetter merkwürdigerweise nicht, wie ich zuerst geglaubt hatte, in Steinhof, seiner *eigentlichen* Heimat, so er selber, sondern in einem Linzer Spital gestorben. Er liegt, wie gesagt wird, auf dem Wiener Zentralfriedhof. Sein Grab habe ich bis heute nicht aufgesucht.«

Wien XI, Zentralfriedhof, Grabstätte Paul Wittgensteins. Grünes und Verwesendes, sichtbar und diffus, Sterben und Leben.

»*Der Untergeher ist schon als Untergeher geboren worden,* dachte ich, *er ist schon immer der Untergeher gewesen* und wenn wir genau sind in der Beobachtung unserer Umwelt, stellen wir fest, daß diese Umwelt fast nur aus solchen Untergehern zusammengesetzt ist, sagte ich mir, aus solchen Sackgassenmenschen wie Wertheimer, der von Glenn Gould schon im ersten Augenblick als solcher Sackgassenmensch und Untergeher durchschaut war und auch von Glenn Gould als erster als *Untergeher* bezeichnet worden ist«

»An den sogenannten *Vortragsabenden*, an welchen die Studenten an den Konzertbetrieb gewöhnt werden, und die sämtliche im sogenannten *Wiener Saal* stattfanden, waren wir einmal zusammen aufgetreten, wie gesagt wird, *vierhändig Brahms.*«

Salzburg-Stadt, Mozarteum, Wiener Saal.

»Der Mensch ist das Unglück, sagte er immer wieder, dachte ich, nur der Dummkopf behauptet das Gegenteil. Geborenwerden ist ein Unglück, sagte er, und solange wir leben, setzen wir dieses Unglück fort, nur der Tod bricht es ab.«

»*Abgekartet* war ja auch ein Wort von ihm, auf diesen Selbstmord trifft dieser Begriff tatsächlich zu, dachte ich, *sein Selbstmord war abgekartet*, dachte ich. Alle Anlagen in mir sind tödliche, hat er einmal zu mir gesagt, alles ist in tödlicher Weise in mir angelegt«

Wien XIX, Döblinger Friedhof, Grüfte. In das Nichts der Ausweglosigkeit, wo alle Hilferufe ungehört verhallen, unergründlich.

»Ich bin, obwohl ich auf keinen Fall in die Gentzgasse hatte gehen wollen, in die Gentzgasse gegangen, sagte ich mir auf dem Ohrensessel, alles war gegen einen solchen Besuch in der Gentzgasse, alles gegen ein solches lächerliches *künstlerisches Abendessen* und ich bin hingegangen, *noch auf dem Weg in die Gentzgasse habe ich mir die ganze Zeit gesagt, ich bin gegen diesen Besuch in der Gentzgasse, ich bin gegen die Auersbergerischen, ich bin gegen alle diese Leute, die an diesem Abendessen teilnehmen, ich hasse sie, ich hasse sie alle und bin doch immer weiter in die Gentzgasse hineingegangen und habe schließlich an der auersbergerischen Wohnungstür geläutet.* Alles ist gegen mein Auftreten in der Gentzgasse gewesen und ich bin doch in der Gentzgasse aufgetreten, sagte ich mir auf dem Ohrensessel.«

Wien XVIII, Gentzgasse. Ein Lächeln, steinern, vieldeutig, allegorisch für alle »Gentzgassengesellschaft«, eine sich in ihrer Oberflächlichkeit und Morbidität versteinernde Gesellschaft.

»In die Natur hineingehen und in dieser Natur ein- und ausatmen und in dieser Natur nichts als tatsächlich und für immer Zuhause zu sein, das empfände er als das höchste Glück. *In den Wald gehen, tief in den Wald hinein*, sagte der Burgschauspieler, *sich gänzlich dem Wald überlassen*, das ist es immer gewesen, der Gedanke, nichts anderes, als selbst Natur zu sein. *Wald, Hochwald, Holzfällen, das ist es immer gewesen*, sagte er plötzlich aufgebracht«

»und ich lief und lief und lief, wie wenn ich jetzt in den Achtzigerjahren nocheinmal den Fünfzigerjahren davon liefe in die Achtzigerjahre hinein, in diese gefährlichen und hilflosen und stumpfsinnigen Achtzigerjahre hinein und ich dachte wieder, daß ich, anstatt auf dieses abgeschmackte *künstlerische Abendessen* zu gehen, lieber in meinem Gogol oder in meinem Pascal oder in meinem Montaigne hätte lesen sollen und ich dachte, während ich lief, daß ich dem auersbergerischen Alptraum davon laufe und lief tatsächlich mit immer größerer Energie diesem auersbergerischen Alptraum davon in die Innere Stadt«

Wien X, Gentzgasse – Richtung Innere Stadt.
Bewegung. Alles Bewegung.

»gegen halb elf geht er ins Kunsthistorische Museum, gegen halb drei ins Ambassador. Bis zu Mittag ist ihm die Achtzehngradtemperatur im Kunsthistorischen Museum die angenehme, am Nachmittag fühlt er sich wohler im warmen Ambassador, in welchem es immer eine Temperatur von dreiundzwanzig Grad hat. Am Nachmittag denke ich nicht mehr so gern und nicht mehr so intensiv nach, sagt Reger, da kann ich mir das Ambassador leisten. Das Kunsthistorische Museum ist seine *Geistesproduktionsstätte*, so er, das Ambassador ist sozusagen meine *Gedankenaufbereitungsmaschine*. Im Kunsthistorischen Museum fühle ich mich ausgesetzt, im Ambassador geborgen, so er. Dieser Gegensatz, Kunsthistorisches Museum – Ambassador, ist es, den mein Denken wie nichts sonst braucht«

Wien I, Hotel Ambassador. Blick ins Innere aus der »Fensterecke«.

»wo ich auch hingegangen bin
ich bin in eine Falle gegangen
ich bin nach Österreich gegangen
und bin in eine Falle gegangen
ich bin nach Wien gegangen
und bin in eine Falle gegangen
ich bin in die Burgtheaterfalle gegangen Beil«

Wien I, ehemaliges Hofburgtheater, heute
Burgtheater, erbaut 1874 bis 1888 nach Plänen
G. Sempers und K. v. Hasenauers.

»wie es liegt und steht, und alles *Dazugehörende*, als ein völlig bedingungsloses Geschenk, der Israelitischen Kultusgemeinde in Wien anbieten wollte. Dieses Gespräch habe ich schon zwei Tage nach dem Begräbnis mit Eisenberg, meinem Geistesbruder, geführt und Eisenberg hat mein Geschenk im Namen der Israelitischen Kultusgemeinde angenommen.«

Wien I, Seitenstettengasse,
Israelitische Kultusgemeinde, Stadttempel.

»alles auszulöschen, das ich unter Wolfsegg verstehe, und alles, das Wolfsegg ist, alles, Gambetti, verstehen Sie mich, wirklich und tatsächlich alles. Nach diesem Bericht muß alles, das Wolfsegg ist, ausgelöscht sein. Mein Bericht ist nichts anderes als eine Auslöschung«

Wolfsegg, Luftkurort, Oberösterreich, mit Schloß Wolfsegg (17. Jh.). Scharfe, klar umrissene Deutlichkeit, bildhaft konturiert durch Bernhards Sprache verdichtet, von scheinbarer Schärfe...

»Wir tragen alle ein Wolfsegg mit uns herum und haben den Willen, es auszulöschen zu unserer Errettung, es, indem wir es aufschreiben wollen, vernichten wollen, auslöschen.«

zu scheinbarer Unschärfe entrückt, Fenster zur Seele, ins Innerste, in die unsterbliche Seelenlandschaft der Literatur.

»FRAU ZITTEL
Frau Zittel Frau Zittel schrie er und lief ans Fenster
Sehen Sie den Heldenplatz schrie er sehen Sie den Heldenplatz
den ganzen Tag hört sie das Schreien vom Heldenplatz
den ganzen Tag fortwährend
fortwährend fortwährend Frau Zittel
das ist zum Verrücktwerden zum Verrücktwerden ist das Frau Zittel
ich werde noch verrückt davon verrückt davon«

Wien I, Heldenplatz, Reiterstandbild des Erzherzog Karl (von A. Fernkorn). Blendung, Verblendung, Gefahr: Mahnmal der Wachsamkeit uns allen!

»in der Nacht steige ich in die Gräber hinunter, halte Zwiesprache, meine Zwischengespräche, meine Zwiesprachenstunden, *meinen* Zwiesprachenfimmel führe *ich* ein in *ihre* Verbitterung«

»du stehst vor dem Grab der Mutter: keine Antwort, du stehst im Schnee: keine Antwort«

Henndorf, Salzburg-Land, Friedhof: Das Grab der Mutter Herta Fabjan. Dunkle Steine, wie Barrieren, Lebensbarrieren zwischen Mutter und Sohn, zum Tode hin verschwindend, im Tod in Liebe gelöst.